Gerüchteküche

alte Gerüchte
und neue Gerichte

en viel Cholesterin!

...reretstreiches Nahrungsmittel und wird
...heringsgehalten als ungesund bezeichnet.
...En beträgt ca. 200 mg Cholesterin ist

G. Poggenpohl

Gerüchteküche

alte Gerüchte und neue Gerichte

EDITION XXL

Vorwort

Gerüchte – manchmal sind sie wahr, halbwahr oder gänzlich unwahr. Es gibt sie auch in der Küche, bei Speisen, rund ums Kochen und Essen.

Oft entstanden Gerüchte in einer Zeit, wo vieles anders war. Es gab keine Kühlschränke, das Wasser war in manchen Gegenden sehr verschmutzt und zum Trinken viel zu belastet.

Heutzutage gibt es Gerüchte, die so nicht mehr stimmen oder die auch von einzelnen Interessengruppen verbreitet werden, weil diese sich dadurch einen Vorteil versprechen. Oft sind es aber auch einfach nur Werbeaussagen, um Produkte besser und teuer verkaufen zu können.

Viele Gerüchte haben heute noch ihre Berechtigung. Zum Teil ist es aber auch so, dass unsere Vorfahren durch Beobachtungen schon vieles wussten, was uns ungläubigen Zeitgenossen erst wieder wissenschaftlich belegt werden musste.

Gerüchte rund ums Kochen und Essen wird es immer wieder geben; viele werden bewusst in die Welt gesetzt, einige durch Unwissenheit, andere als Halbwahrheiten.

Lassen Sie sich überraschen, welche Gerüchte – durchgehend begleitet von leckeren Gerichten – ich zusammengetragen habe!

Ihr G. Poggenpohl

Inhalt

Zutaten

4 Rumpsteaks à 200 g

2 EL Öl

200 g Blumenkohl

200 g Karotten

100 g Schwarzwurzeln
(TK–Produkt)

100 g Brokkoli

1 EL Butter

Salz

Pfeffer

Zubereitung

1. Den Blumenkohl putzen und in kleine Röschen teilen, die Karotten putzen, schälen, in Scheiben schneiden oder wenn es junge, frische Karotten sind, nur schälen. Den Brokkoli putzen und in Röschen zerteilen.

2. Die Butter in einem Topf schmelzen, das Gemüse einschließlich der Schwarzwurzeln dazugeben, leicht anbraten, mit 2 EL Wasser angießen, bissfest garen und mit Salz und Pfeffer würzen.

3. Die Fettschicht an den Rumpsteaks mit einem scharfen Messer einschneiden, mit Salz und Pfeffer würzen. Das Öl in einer Pfanne erhitzen und die Steaks von beiden Seiten jeweils drei Minuten braten. Die Rumpsteaks mit dem Gemüse auf Tellern anrichten und mit Kräuterbutter servieren.

Abends essen macht dick!

Entgegen der landläufigen Meinung hat der Zeitpunkt, wann gegessen wird, keinen Einfluss auf das Gewicht. Entscheidend ist, was und wie viel gegessen wird. Sollten am Abend allerdings häufiger zusätzliche Mahlzeiten verzehrt werden, dann setzen diese natürlich an, wenn am darauf folgenden Tag nicht entsprechend weniger gegessen wird.

Als Argument für das angebliche Ansetzen wird häufig die verlangsamte Verdauung in der Nacht genannt, durch die die Nahrung vermeintlich besser verwertet wird. Die Verdauung läuft zwar nachts wirklich weniger schnell ab, weil die Nahrung im Darm langsamer transportiert wird. Aber lediglich das bekannte Gefühl, dass einem die Speise wie ein Stein im Magen liegt, ist das Resultat davon. Besser verwertet wird die Nahrung dadurch aber nicht. Der Körper speichert zu viel aufgenommene Kalorien in gleichem Maße, egal ob am Tag oder in der Nacht.

Rumpsteak
mit zartem Gemüse

Zutaten

4 Entenbrüste
4 Äpfel
4 cl Calvados
1 EL Bratfett
Salz
Pfeffer

Zubereitung

1. Die Entenbrust bratfertig machen, evtl. vorhandene Federn mit einer Zange herauszupfen, die Haut mit einem scharfen Messer einschneiden, mit Salz und Pfeffer würzen.

2. Bratfett in einer Pfanne erhitzen, die Entenbrust mit der Hautseite zuerst anbraten, dann wenden und ca. fünf Minuten braten. Das Fleisch aus der Pfanne nehmen, in Alufolie wickeln und ziehen lassen, bis die Äpfel fertig sind.

3. Die Äpfel waschen, vierteln, das Kerngehäuse entfernen. Zucker in das Bratfett streuen und so lange rühren, bis er geschmolzen ist. Die Äpfel und den Calvados zu dem Zucker geben und ca. eine Minute braten.

4. Die Äpfel mit der aufgeschnittenen Entenbrust servieren.

Äpfel stärken unsere Abwehrkräfte!

Der Apfel ist der Gesundbrunnen schlechthin!
Er besitzt jede Menge gesundheitsfördernder Inhaltsstoffe. Äpfel sind ideal für eine wertvolle Ernährung, sie haben einen hohen Gehalt an Vitamin C, A und E, und das bei nur 54 Kalorien pro 100 g.

Im Fruchtfleisch und vor allem in der Schale sitzen viele Mineralstoffe wie Phosphor, Eisen, Magnesium und Kalzium. Die Ballaststoffe, die im Apfel enthalten sind, regen die Verdauung an und senken den Cholesterinspiegel. Äpfel helfen Ihnen auch bei der Mundhygiene: Bereits ein Apfel – langsam gekaut – vernichtet sämtliche Kariesbakterien in Ihrem Mund. Viele Nährstoffe im Apfel sitzen direkt unter der Schale. Deshalb die Äpfel nur mit warmem Wasser gründlich abwaschen und trockenreiben – so entfernen Sie einen großen Teil der Schadstoffe von der Schale! Jeden Tag ein Apfel, und Sie haben viel für Ihre Gesundheit getan!

Ente mit Apfel-Calvados-Soße

Zutaten

8 Eier

2 EL mittelscharfer Senf

20 g Butter

20 g Mehl

400 ml Hühnerbrühe

Salz

Pfeffer

Zubereitung

1. Die Eier 8 Minuten kochen und mit kaltem Wasser abschrecken und schälen.

2. Die Butter in einem Topf schmelzen, das Mehl darüber stäuben und anschwitzen. Unter Rühren die Brühe zugeben, aufkochen und mit Senf, Salz und Pfeffer abschmecken.

3. Die Eier vierteln, in die heiße Soße legen und servieren. Am besten schmecken dazu ein frischer Salat und gekochte Kartoffeln.

Braune Hühnereier schmecken besser als weiße!

Die Farbe des Eis hat keine Auswirkung auf den Geschmack. Trotzdem werden braune Eier in Deutschland bevorzugt.

Der Geschmack eines Eis hängt vorwiegend von den Haltungsbedingungen, der Hühnerrasse und vor allem von dem Futter ab. Man kann davon ausgehen, dass frei laufende und vernünftig ernährte Hühner, die nur in kleinen Gruppen gehalten werden, die wohlschmeckendsten Eier legen.

Tipps für den Umgang mit Eiern:

– Kaufen Sie möglichst frische Eier und verbrauchen Sie diese bald!

– Die Eier immer bei Kühlschranktemperatur aufbewahren!

– Für rohe Eier enthaltende Speisen wie Majonäse, Weinschaumsoße, Tiramisu, Mousse au Chocolat und Buttercreme nur ganz frische Eier verwenden! Diese Speisen sollten möglichst sofort verzehrt werden!

– Bis zum Verzehr immer gut kühlen!

– Frühstückseier in kochendes Wasser legen und mindestens fünf Minuten brodeln lassen, nicht abschrecken!

– Eier, deren Mindesthaltbarkeitsdatum abgelaufen ist, nur noch durcherhitzt verzehren!

– Eier mit beschädigter Schale sofort verbrauchen und nur für durcherhitzte Speisen verwenden!

Eier in Senfsoße

Zutaten

200 g Mehl

250 ml Milch

4 Eier

100 g Butter

1 EL Zucker

1 TL geriebene Zitronenschale

1 Prise Salz

Butter zum Ausfetten

Semmelbrösel zum Ausstreuen

Puderzucker zum Bestreuen

Zubereitung

1. Die Eier mit dem Salz und der Hälfte der Milch verrühren, das Mehl darüber streuen, die Zitronenschale zugeben und alles zu einem glatten Teig verrühren.

2. Die restliche Milch erhitzen und die Butter schmelzen. Zuerst die geschmolzene Butter, dann den Zucker und den Rest der Milch in den Teig einrühren.

3. Kleine, feuerfeste Förmchen einfetten, mit Semmelbröseln ausstreuen und zur Hälfte mit dem Teig füllen. Die Förmchen im vorgeheizten Backofen bei 220° C ca. 30 Minuten backen.

4. Das Gebäck aus den Förmchen lösen, mit Puderzucker bestreuen und mit Kirschkompott servieren.

Brauner Zucker ist gesünder als weißer!

Brauner Zucker wirkt lediglich gesünder, weil er „natürlicher" erscheint als der raffinierte weiße Zucker. Zusätzlich klingt der Begriff „raffiniert" auch ein wenig nach Erdöl, obwohl er damit eigentlich nichts zu tun hat.
Die beiden Zuckerformen unterscheiden sich in ihrer chemischen Zusammensetzung nur geringfügig. Was man in unserem Haushalt normalerweise unter Zucker versteht, wird aus Zuckerrohr oder Zuckerrüben gewonnen. Je intensiver die Reinigung des Zuckers, desto weißer ist das Ergebnis.

Brauner Zucker wird aus dem eingedickten Saft der Zuckerrohrpflanze hergestellt und hat einen karamellartigen Geschmack. Er enthält etwas mehr Mineralstoffe als weißer Zucker; da aber diese Stoffe unter einem Prozent liegen, haben sie keine Bedeutung für unsere Ernährung.

Zucker kann zwar unseren Alltag buchstäblich versüßen, aber in größeren Mengen zu uns genommen ist er schädlich, und er spielt eine große Rolle bei der Bildung von Karies. Brauner Zucker ist genauso gesund oder ungesund wie weißer Zucker!

Zutaten

4 Forellen

4 Knoblauchzehen

100 g geräucherter Schinkenspeck

1 Bund gemischte Kräuter

2 EL Öl

1 unbehandelte Zitrone

Salz

Pfeffer

Zubereitung

1. Die Zitronenschale abreiben und den Saft auspressen. Die Kräuter abbrausen, die Blätter von den
Stielen zupfen und fein hacken. Die Knoblauchzehen schälen und in Scheiben schneiden. Den
Schinkenspeck in Streifen schneiden.

2. Die Fische gründlich waschen, trockentupfen,
mit dem Zitronensaft beträufeln, mit Salz und Pfeffer
würzen.

3. Die Zitronenschale mit den Kräutern, den
Knoblauchscheiben und den Schinkenstreifen vermischen und in die Fische füllen.

4. Das Öl in einer Pfanne erhitzen und die Fische
von beiden Seiten darin braten, je nach Größe der
Fische ca. 7 bis 15 Minuten. Der Fisch ist gar, wenn
sich die Rückenflosse leicht herausziehen lässt.

Der Fisch beginnt am Kopf zu stinken!

Diese Aussage stammt aus einer Zeit, wo die Transportwege lang waren und die
Kühlung nicht immer gewährleistet werden konnte. Die Ursache für den Geruch
liegt in den Kiemen, die sehr empfindlich sind und in ein paar Stunden verderben.
Man sollte deshalb beim Kauf darauf achten, dass die Fische ausgenommen sind
und die Kiemen entfernt wurden. Bei der heutigen Kühltechnik muss man sich
aber wohl kaum Gedanken um diesen Spruch machen.

Sie können nur an einem ganzen Fisch erkennen, ob er frisch ist. Der Fisch sollte
blanke, nach außen gewölbte Augen und helles, elastisches Fleisch haben. Frische
Süßwasserfische sind von einer wasserklaren Schleimschicht umgeben, die Kiemen
müssen hellrot sein.

Wer den Fisch bereits filetiert kauft, hat es schwerer. Nur der Händler weiß genau,
ob er eingeflogene, teure E-Ware anbietet oder die Standard-Qualität A, die meist
fünf bis zehn Tage alt ist, oder gar billigen B-Fisch, der vielleicht schon 14 Tage im
Schiff auf Eis gelegen hat.

Am besten machen Kunden den Schnuppertest. Frischer Fisch riecht nicht, erst ab
dem fünften Tag entwickelt sich der typische Fischgeruch.

Ganzer Fisch, gefüllt mit Kräutern, Knoblauch und Schinken

Zutaten

1/2 EL Butter

20 g Mehl

125 ml Milch

250 ml Hühnerbrühe

250 g gegartes Hühnerfleisch

100 g Champignons

100 g Erbsen

1 Glas Spargel

Worcestersoße

Salz

Pfeffer

Zubereitung

1. In einem Topf die Butter schmelzen und das Mehl zufügen. Mit dem Schneebesen kräftig rühren und darauf achten, dass die Mehlschwitze hell bleibt. Die Temperatur herunterschalten und die Mehlschwitze mit kalter Milch ablöschen.

2. So lange weiterrühren, bis eine dicke Soße entstanden ist. Mit Hühnerbrühe auffüllen und noch einmal kurz aufkochen.

3. Die Champignons putzen und in Scheiben schneiden. Den Spargel abschütten und in Stücke schneiden.

4. Die Champignons und die Erbsen in die Soße geben und kurz aufkochen. Das Hühnerfleisch und den Spargel hinzufügen und erwärmen. Mit Worcestersoße, Salz und Pfeffer abschmecken.

Diäten machen dauerhaft schlank!

Wenn man nach dem Abnehmen durch eine Diät wieder in seine alten Gewohnheiten verfällt, kommt der gefürchtete Jo-Jo-Effekt: Der Körper versucht das frühere Gewicht wieder herzustellen – und oft „zur Sicherheit" sogar noch etwas mehr.
Wenn Sie abnehmen wollen, dann machen Sie sich diese uralten Regeln, die unsere Gene gespeichert haben, zunutze, anstatt gegen sie anzukämpfen:
Nur zwei- bis dreimal pro Tag etwas essen, nichts zwischendurch! Regelmäßige Bewegung, ca. 60 Minuten täglich Walking, Wandern oder Jogging, intensiv atmen.
Reichliches Trinken und Bewegung beschleunigen den Stuhl und die Ausscheidung der gasförmigen Gifte über die Lungen.
Viel Saftiges wie Äpfel, Birnen usw. essen! Nur zwischen den Mahlzeiten trinken, um den Verdauungsprozess nicht durch Verdünnen der Verdauungssäfte zu stören.
Die Nahrungsaufnahme sollte mit Leichtigkeit und nur bis zu einem angenehmen Sättigungsgefühl erfolgen. Durch zu häufiges Essen wird zu viel Fett gespeichert, was den Körper ermüdet.
Übrigens muss nicht alles erhitzt werden! Viele Nahrungsmittel geben uns gerade in der unbehandelten Form ihre volle Energie. Wertvolle Inhaltsstoffe werden durch Erhitzen oftmals zerstört.

Hühnerfrikassee

Zutaten

16 Eier

3 EL Majonäse

1 EL Senf

1 TL Rosenpaprika

Salz

Pfeffer

Zubereitung

1. Die Eier in kaltes Wasser legen und ca. 10 Minuten kochen. Dann die Eier mit kaltem Wasser abschrecken und schälen.

2. Die Eier mit einem scharfen Messer längs halbieren und das Eigelb in eine Schüssel geben. Das Ganze mit den anderen Zutaten vermischen und mit einem Schneebesen cremig rühren. Die Eimasse mit Salz und Pfeffer abschmecken.

3. Die Masse in einen Spritzbeutel füllen und in die Vertiefung der Eier spritzen. Alles dekorativ auf einer Platte anrichten. Die Eier sollten bis zum Servieren in den Kühlschrank gestellt werden.

Eier enthalten viel Cholesterin!

Das Ei ist ein besonders nährstoffreiches Nahrungsmittel und wird häufig wegen seines Cholesteringehaltes als ungesund bezeichnet.

Der Cholesteringehalt eines Eis beträgt ca. 200 mg. Cholesterin ist eine unentbehrliche Substanz im menschlichen Körper. Es erfüllt wichtige Aufgaben beim Bau der Zellen und Nervenbahnen und wird bei einem gesunden Menschen durch einen Regulationsmechanismus gesteuert.

Cholesterin im Blut soll die Adern verstopfen und stand lange im Verdacht, der wichtigste Auslöser für Herzinfarkt zu sein. Heute weiß man, dass dieses so nicht gilt, denn viele andere Faktoren spielen bei der Verengung und Verstopfung der Adern eine Rolle. Rauchen, wenig Bewegung, hoher Blutdruck und Übergewicht sind viel gefährlicher.

Eier gehören von Natur aus zu den biologisch wertvollen Lebensmitteln und liefern unserem Körper viele wichtige Nährstoffe. Ein Ei enthält ca. 7 g Eiweiß, 6 g Fett, als Mineralstoffe Kalium, Eisen und Phosphor.

An Spurenelementen enthält es Kupfer, Mangan, Jod und Fluor. Eier enthalten sowohl wasserlösliche als auch fettlösliche Vitamine. Das wichtigste Vitamin im Hühnerei ist das Vitamin A. Das Eiweiß aus dem Ei kann fast vollständig für unseren eigenen Körperaufbau genutzt werden.

Ein gesunder Körper regelt seinen Cholesterinspiegel ganz von alleine.

Zutaten

400 g mageres Rinderhack

4 Scheiben Weißbrot vom Vortag

1 Knoblauchzehe

2 Zwiebeln

1/2 Bund gemischte Kräuter

1 Bund Staudensellerie

je 1 rote, gelbe und grüne
Paprikaschote

100 g geriebener Emmentaler

2 EL Öl

Salz

Pfeffer

Zubereitung

1. Die Zwiebeln und die Knoblauchzehe schälen und fein hacken. Die Kräuter abbrausen, die Blätter von den Stielen zupfen und fein schneiden. Das Weißbrot in warmem Wasser einweichen und ausdrücken.
Den Staudensellerie putzen und in 5 cm lange Stücke schneiden. Die Paprikaschoten waschen und halbieren, entkernen und in mundgerechte Stücke schneiden.

2. Das Gemüse in eine Auflaufform schichten, mit Salz und Pfeffer würzen, mit dem Käse bestreuen und im Ofen bei 180° C ca. 10 Minuten backen.

3. Das Hackfleisch in eine Schüssel geben, mit dem ausgedrückten Weißbrot, den Zwiebeln, den Kräutern und dem Knoblauch vermischen, mit Salz und Pfeffer würzen.

4. Aus der Hackfleischmasse Bällchen formen und in heißem Öl von allen Seiten ca. 7 Minuten braten. Das Gemüse mit den Fleischbällchen servieren.

Essen und Trinken hält Leib und Seele zusammen!

30 % aller Deutschen sind zu dick. Mit den leicht Übergewichtigen sind es sogar 50 %. Die Ursache hierfür ist in einseitiger Ernährung, falschen Essgewohnheiten und Bewegungsmangel zu finden. Eine bewusste und vollwertige Ernährung ist daher von größter Bedeutung, um Zivilisationskrankheiten vorzubeugen.
Im Grunde genommen braucht kein Mensch ein anderes Getränk als Wasser. Der hohe Absatz von Säften sowie alkoholischen Getränken spricht für sich. Die meisten Säfte enthalten viel Zucker oder andere leere Kalorien. Hier gewinnt der Ausspruch „Selbstmord mit Messer und Gabel" sehr an Bedeutung.
Eine vernünftige Ernährung sieht folgendermaßen aus: vielseitig, aber nicht zu viel essen. Wenig fettreiche Lebensmittel zu sich nehmen, würzen mit frischen Kräutern und einem gesunden Meersalz. Wenig Süßes, viel Vollwertprodukte, reichlich Obst und Gemüse und wenig tierisches Eiweiß (Fleisch).
Wenn Sie diese Ernährung noch mit ausreichender Bewegung kombinieren, steht einem langen und gesunden Leben nichts im Wege!

Hackfleischbällchen mit überbackenem Gemüse

Zutaten

2 Gurken

3 Tomaten

2 Paprikaschoten

1 Staudensellerie

100 g Oliven

2 Knoblauchzehen

250 g Feta

2 EL gemischte Kräuter

3 EL Weißweinessig

3 EL Olivenöl

1 Zitrone

Salz

Pfeffer

Zubereitung

1. Die Gurken schälen, halbieren und in Würfel schneiden, in eine Schüssel geben, etwas Salz darüber streuen und ca. 10 Minuten ziehen lassen.

2. Die Tomaten waschen und achteln. Den Staudensellerie putzen und in Scheiben schneiden. Die Paprikaschoten halbieren, entkernen und in Streifen schneiden. Den Feta in Würfel schneiden.

3. Die Knoblauchzehen schälen, zerdrücken und fein hacken. Aus dem Knoblauch, den Kräutern, Essig, Öl und dem Saft der Zitrone eine Marinade herstellen, mit Salz und Pfeffer abschmecken.

4. Das Gurkenwasser abschütten, die Gurken mit den anderen Salatzutaten vermischen, den Fetakäse und die Oliven dazugeben und alles mit der Salatsoße überziehen.

Feta ist Schafskäse!

In deutschen Küchen hat sich Fetakäse fest etabliert. Früher bekam man Feta außer im griechischen Restaurant vielleicht noch beim Türken. Heute findet man gleich mehrere Sorten von den verschiedensten Anbietern in unseren Supermärkten. Zuhause wird dann der Feta zu griechischem Salat, als Füllung oder zum Überbacken verwendet.

Ist das, was wir da gekauft haben, auch wirklich Schafskäse?

Der Begriff Feta ist nicht geschützt, das bedeutet, dass man jede Art von Milch für die Zubereitung des Käses verwenden kann. Schlaue Lebensmitteltechniker haben einen Weg gefunden, z. B. Kuhmilch so reifen zu lassen, dass der fertige Käse wie echter Schafskäse schmeckt.

Wer wirklich Schafskäse haben will, sollte das Etikett näher betrachten. Auf manchen hütet ein Schafshirte Kühe. Wenn der Feta wirklich Schafskäse ist, wird in der Regel auf dem Etikett auffallend darauf hingewiesen.

Griechischer Salat
mit Fetakäse

Zutaten

600 g Fischfilet (z. B. Zander, Rotbarsch, Schollenfilet)

500 ml Gemüsebrühe

6 Kartoffeln

1/2 Sellerieknolle

2 Stangen Lauch

4 Karotten

2 Zwiebeln

2 Zitronen

125 ml trockener Weißwein

2 EL Butter

200 g süße Sahne

2 Eigelb

Muskatnuss

Salz

Pfeffer

Zubereitung

1. Die Fischfilets waschen und evtl. Gräten entfernen. Größere Fischfilets längs halbieren, zu Röllchen formen und in eine Schüssel geben. Die Zitronen auspressen und den Zitronensaft über den Fisch träufeln. Das Gemüse putzen und in kleine Stücke schneiden.

2. Die Butter in einem Topf erhitzen und das Gemüse darin andünsten, mit der Gemüsebrühe aufgießen. Die Kartoffeln zugeben und alles ca. 20 Minuten köcheln.

3. Die Eigelbe mit der Sahne verquirlen und unter Rühren in die Suppe geben. Die Suppe sollte jetzt nicht mehr kochen. Das Ganze mit Muskatnuss, Salz, Pfeffer und Weißwein abschmecken.

4. Die Fischröllchen in die heiße Suppe einlegen und ca. 7 Minuten ziehen lassen.

Fischgerichte darf man nicht aufwärmen!

Fisch ist ein sehr leicht verderbliches Lebensmittel. Wenn jedoch Fischgerichte während der Zubereitung bis in ihren Kern durcherhitzt wurden, können Sie diese bedenkenlos erneut aufwärmen. Gegartes Fischeiweiß ist gegenüber frischem Fischeiweiß wesentlich stabiler.

Sie sollten das Fischgericht nach der Zubereitung rasch abkühlen und in einem verschlossenen Gefäß im Kühlschrank bei ca. 5° C lagern. Unter diesen Bedingungen ist gegarter Magerfisch ca. zwei Tage haltbar. Gegarte Fettfische, wie z. B. Makrelen, Lachs usw., verändern sich bei längerer Lagerung nur im Geschmack.

Norddeutscher Fischgemüsetopf

Zutaten

8 Lammkoteletts

2 EL Olivenöl

1 Knoblauchknolle

4 Stängel Rosmarin

4 Stängel Majoran

300 g grüne Bohnen

50 g durchwachsener Speck

Salz

Pfeffer

Zubereitung

1. Die Bohnen putzen und in 3 cm lange Stücke schneiden. Den Speck in Scheiben und dann in Würfel schneiden.

2. Den Speck in einem Topf anbraten, die Bohnen dazugeben, mit einem EL Wasser ablöschen und ca. sieben Minuten dünsten, mit Salz und Pfeffer abschmecken.

3. Die Knoblauchknolle quer halbieren und die Kräuter grob zerkleinern. Das Olivenöl in einer Pfanne erhitzen, die Knoblauchknolle und die Kräuter in das heiße Öl geben. Die Koteletts dazulegen und von beiden Seiten ca. drei Minuten braten.

4. Die Lammkoteletts mit den Bohnen, den Kräutern und dem Knoblauch auf Tellern anrichten und servieren.

Fleisch ist ein Stück Lebenskraft!

In vielen Haushalten wird eine Mahlzeit erst dann als vollständig angesehen, wenn eine Portion Fleisch dabei ist.

In Deutschland essen die meisten Menschen im Durchschnitt ca. 80 kg Fleisch und Wurstwaren pro Jahr. Durch diese riesige Menge an tierischem Eiweiß nehmen auch unsere Zivilisationskrankheiten enorm zu.

Fleisch gilt im Allgemeinen als eine der hochwertigsten Proteinquellen. Eier enthalten aber vergleichsweise mehr Eiweiß als Fleisch. Stattdessen ist Fleisch reich an gesättigten Fettsäuren und Cholesterin.

Ein übermäßiger Verzehr an Fleisch wirkt langfristig gesehen sehr nachhaltig auf unsere Gesundheit. Die Folgen davon sind Fettleibigkeit, Schlaganfälle, Herzinfarkte, Gicht usw. Aus diesem Grunde sollte man Fleischgerichte drastisch reduzieren. Ein- bis zweimal Fleischgerichte in der Woche genügen. Sie sollten auch beim Einkauf darauf achten, dass das Fleisch nicht aus Massentierhaltungen stammt. Lamm- und Schaffleisch gehören zu den gesündesten Fleischarten.

Kräuter-Lammkotelett mit Speckbohnen

Zutaten

5 Blutorangen

2 Maracujas

2 Limetten

1 Hand voll Erdbeeren

Zubereitung

1. Die Erdbeeren waschen, putzen und mit einem Stabmixer fein pürieren. Danach das Püree in eine Eiswürfelschale geben und frosten.

2. Die Blutorangen, Maracujas und Limetten entsaften, in einem Glas gut durchrühren und mit ein bis zwei Erdbeereiswürfeln servieren.

Frisch gepresst schmeckt am besten!

Ein Glas Fruchtsaft zum Frühstück ist gesund, sagt der Volksmund. In Deutschland werden die meisten Obstsäfte getrunken. Es gibt sie fertig zu kaufen, hergestellt aus Konzentrat, mit und ohne Fruchtfleisch. Immer steht auf den Verpackungen, dass die Säfte viel Vitamin C enthalten, und auch die Bilder auf den Etiketten zeigen uns leckere Früchte, deren Anteil manchmal sehr gering ist. Oftmals wurde das enthaltene Vitamin C synthetisch hergestellt und hat mit der Natur nicht viel zu tun. Auch die Art und Weise, wie diese Fruchtsäfte hergestellt werden, ist manchmal etwas merkwürdig: Der direkt gepresste Saft wird erhitzt, tiefgekühlt, später wieder aufgetaut, das Fruchtfleisch wird entzogen, später wieder beigemischt, und das Ganze nennt sich dann immer noch Fruchtsaft.

Richtig gut schmeckt Fruchtsaft, wenn er frisch gepresst und gleich getrunken wird. Frisch gepressten Saft sollte man nie über einen längeren Zeitraum stehen lassen, denn schon nach einer halben Stunde hat sich der Gehalt an Vitamin C halbiert!

Für Freunde von frisch hergestellten Säften bietet die Industrie wirklich gute Entsafter an, in die man das klein geschnittene Obst hineingibt und frischen Saft bekommt. Auf diese Weise hergestellte Säfte sind gesund und helfen uns vor allem im Winter, ohne Erkältungskrankheiten auszukommen. Sie können diese selbst hergestellten Säfte auch sehr gut mischen oder zur Herstellung von Eis verwenden.

Neben den klassischen Frucht- und Gemüsesäften wie z. B. aus Orangen, Grapefruits, Tomaten und Möhren, bei welchen Sie einfach die gewünschte Menge entsaften, schmecken auch Mischungen und Kombinationen verschiedener Säfte, wie beispielsweise das obige Rezept.

Zutaten

10 Eier

300 g durchwachsener
Schinkenspeck

Salz, Pfeffer

Zubereitung

1. Die Eier einzeln in eine Schüssel schlagen und mit einem Schneebesen verquirlen. Mit Salz und Pfeffer würzen.

2. Den Schinkenspeck in Würfel schneiden und in einer heißen Pfanne auslassen.

3. In das ausgelassene Fett die verquirlten Eier geben und bei schwacher Hitze stocken lassen.

Tipp: Besonders locker wird Rührei, wenn man vor dem Backen einen Schuss Mineralwasser dazugibt.

Frühstücken wie ein Kaiser, mittagessen wie ein Bürger, abendessen wie ein Bettler!

Nach wie vor ist ein gutes Frühstück die beste Voraussetzung für einen guten Tag. Nehmen Sie sich Zeit für diesen wichtigen Teil des Tages! Kaffee oder Tee, frische Milch, frisch gepresster Orangensaft, Vollkornbrot oder Brötchen, Butter, Quark, Jogurt, Rühreier oder ein Frühstücksei, frische Früchte – wer seinen Tag so beginnt, der hat eine Menge Vitalstoffe zu sich genommen, und das bedeutet Vitalität den ganzen Tag über.

Das Mittagessen sollte da schon etwas weniger üppig ausfallen, gerade wenn Sie berufstätig sind. Viel Gemüse, wenig Fleisch und viel trinken, am besten mit Wasser verlängerte Fruchtsäfte. Ein reichliches oder schweres Mittagessen macht müde und Ihre Leistungsfähigkeit fällt rapide ab.

Das Abendessen sollte leicht und bekömmlich sein, z. B. leckere Nudeln mit einer leichten Soße, oder Fisch. Denn schwere Nahrung am Abend, Fleisch, fette Soßen usw. brauchen zur Verdauung längere Zeit, und Sie werden nach einer schweren Mahlzeit sicher unruhig und schlecht schlafen.

Lassen Sie den Tag ausklingen, einfach zur Ruhe kommen, abschalten. Der aufregende Film am Abend ist sicher nicht geeignet, innere Ausgeglichenheit zu finden. Ein Glas Wein und gute Musik helfen da schon eher.

Rühreier mit Speck

Zutaten

400 g Müsli, Sorte je nach Geschmack

2 Äpfel

2 Birnen

2 Kiwis

200 g Erdbeeren

2 EL Honig

300 g Jogurt

Zubereitung

1. Die Äpfel und die Birnen waschen, halbieren und das Kerngehäuse entfernen. Die Kiwis schälen, die Erdbeeren waschen und das Obst in mundgerechte Stücke schneiden.

2. Den Jogurt und den Honig miteinander vermischen. Das Müsli in eine Schüssel geben und mit der Jogurt-Honigmischung vermengen.

3. Das klein geschnittene Obst dazugeben und servieren.

Müsli und Co. – gesunde Nahrung!

Auf den ersten Blick scheint es gesund zu sein, geschrotetes Korn, Nüsse, getrocknete oder frische Früchte zu essen. Das alles erweckt den Eindruck von einem gesunden Nahrungsmittel. Wenn hier frische und richtig gelagerte Produkte verwendet werden, ist Müsli sicherlich eine gesunde Speise.

Aber hier liegt auch das größte Problem von Müsli: falsche Lagerung im Geschäft und bei sich zu Hause. Oft entstehen Verunreinigungen durch das Entnehmen (Tröpfcheninfektion) oder auch durch eine sehr kompakte Lagerung. Nüsse und Getreide sind dann mit Schimmelpilzen belastet und von Bakterien durchsetzt. Ähnliches gilt auch für Trockenobst. Grundsätzlich gilt: Die Zutaten für Müsli nur in geringen Mengen einkaufen und sie möglichst schnell verbrauchen, Obst selber trocknen oder noch besser: immer frisch im Müsli verwenden.

Seit Jahrtausenden versucht die Menschheit vor allem das Korn immer feiner zu mahlen, um eine vernünftige Lagerung und auch Verwertbarkeit zu erreichen. Erst in neuerer Zeit fangen wir wieder an, ungemahlenes bzw. grob geschrotetes Korn zu essen. Was viele als gesund bezeichnen, verursacht bei den meisten Menschen Blähungen, Völlegefühl und Unwohlsein. Also, ob Sie Müsli essen oder nicht, hängt ganz allein von Ihnen ab.

Müsli mit Früchten

Zutaten

500 g Rotkohl

3 Orangen

100 g Walnüsse

3 EL Zitronenessig

2 EL Olivenöl

1 EL Honig

Salz

Pfeffer

Zubereitung

1. Die äußeren Blätter des Rotkohls entfernen und den Rest in dünne Streifen schneiden oder hobeln. Die Orangen schälen und die Filets mit einem scharfen Messer herausschneiden.

2. Aus Essig, Öl, Honig, Salz und Pfeffer eine Salatsoße herstellen. Die Rotkohlstreifen mit den Nüssen und den Orangenfilets vermischen.

3. Die Soße darüber geben, etwas ziehen lassen und servieren.

Gut gekaut ist halb verdaut!

So lautet ein uralter Spruch aus Großmutters Tagen.
Heute wissen wir, dass eine Menge Wahres daran ist. Viele Probleme mit der Verdauung sind auf das falsche und zu wenig intensive Kauen zurückzuführen. Wer gut kaut, wird oder bleibt schlank.

Richtiges Kauen bedeutet, 20- bis 30-mal die Nahrung zu zerkleinern und sie mit Speichel zu versetzen. So lernt man schnell richtig kauen: Essen Sie langsam, niemals hastig und zwischendurch. Nehmen Sie sich Zeit. Sie lernen am besten das intensive Kauen, wenn Sie ein Stück Vollkornbrot mit Rinde in den Mund nehmen und langsam zerbeißen.

Sie können mit richtigem Kauen sehr erfolgreich abnehmen, bis zu 10 kg im Jahr, ohne Veränderung der Essgewohnheiten.
Wenn Sie gut, langsam und intensiv kauen, dann brauchen Sie beispielsweise für ein Käsebrot genauso lange, wie Sie vorher für vier benötigten. Bei intensivem Kauen reduziert man automatisch die Nahrungsmenge, nimmt weniger Kalorien auf und wird schneller satt.

Rotkohlsalat

Zutaten

600 g frische Früchte

200 g Jogurt

4 EL Lavendelhonig

4 EL Grand Marnier

Zubereitung

1. Den Jogurt mit dem Lavendelhonig und dem Likör verrühren. Die Früchte waschen, putzen und in mundgerechte Stücke zerteilen.

2. Die Früchte mit dem Lavendelhonig-Jogurt vermengen. Es lohnt sich, diesen Fruchtsalat auch einmal zusätzlich mit Nüssen, Minze oder geraspelter Schokolade auszuprobieren.

Honig – der Gesundbrunnen!

Leider ist Honig nicht der oft gepriesene Vitamin-, Mineralstoff- und Enzymelieferant. Wenn Honig dann zusätzlich noch erwärmt wird, z. B. im Tee, Backofen oder Kochtopf, werden die wenigen Nährwerte auch noch zerstört.

Bei mangelnder Zahnpflege verursacht Honig Karies. Der Honig bleibt wegen seiner klebrigen Konsistenz besonders leicht an und zwischen den Zähnen haften. Kinder sollten sich deshalb direkt nach dem Verzehr von Honigbrot oder -brötchen die Zähne putzen.

Honig besteht zu 80 % aus Trauben- und Fruchtzucker, der Rest ist Wasser. Der große Vorteil von Honig liegt darin, dass er kein Cholesterin enthält und damit als reines Pflanzenprodukt eine gute Alternative zu Wurst und Käse darstellt.
Er ist nicht gerade ein Diät-Produkt, immerhin enthalten 100 g davon ca. 300 Kalorien!

Honig gibt es in vielen Geschmacksrichtungen, z. B. Waldhonig, Lavendelhonig, Wiesenhonig usw., je nachdem, wo die Bienen zum Sammeln eingesetzt werden. Honig kann unser Leben so richtig versüßen und gibt auch vielen Speisen eine interessante Geschmacksnote.

Honig schmeckt nicht nur auf Brötchen oder Brot, sondern auch in dem Fruchtsalat aus dem oben stehenden Rezept.

Süße Versuchung

Zutaten

- 3 Äpfel
- 3 Birnen
- 2 Pfirsiche
- 200 g Erdbeeren
- 200 g Pflaumen
- 100 ml Orangensaft
- 1 TL Honig
- 200 g Jogurt
- 1 TL Vanillezucker
- 1/2 TL Zimt

Zubereitung

1. Die Früchte mit mäßig heißem Wasser abwaschen und in mundgerechte Stücke schneiden. Das Obst in eine Schüssel geben.

2. Den Orangensaft mit dem Honig verrühren und über die Früchte träufeln. Den Jogurt mit dem Zucker und dem Zimt mit einem Handmixer oder dem Schneebesen schaumig rühren.
Über die Früchte geben und servieren.

In der Schale steckt die Kraft!

Eine alte Küchenweisheit sagt, dass man Früchte nicht schälen soll, da die meisten Vitamine in oder unmittelbar unter der Schale stecken. Wie das jedoch mit alten Weisheiten ist – niemand weiß so recht, ob sie wahr sind oder nicht!

Neueste Untersuchungen haben gezeigt, dass die meisten Vitamine und Mineralstoffe tatsächlich in und unter der Schale sitzen. Dieses trifft für alle Kernobstsorten zu. In den Obstschalen ist der Nährstoffgehalt bis zu 7-mal höher als im Fruchtfleisch.
Wenn man Kernobst gründlich wäscht und mit einem Tuch abreibt, dann kann man die Schale ohne weiteres mitessen.

Für Kartoffeln trifft das nicht zu. Kartoffeln sollte man in jedem Fall schälen, der Gehalt an Nährstoffen und Vitaminen steckt in der Kartoffel selber. Beim Kochen schützt die Schale allerdings die wertvollen Inhaltsstoffe, weshalb Pellkartoffeln z. B. den Salzkartoffeln vorzuziehen sind.

Fruchtsalat mit Zimtjogurt

Zutaten

600 g Rinderleber
1 EL Sojasoße
2 EL Worcestersoße
2 EL trockener Sherry
4 ganze Sternanis
2 EL Honig
1 Bund Frühlingszwiebeln
6 EL Sesamöl
125 ml Brühe
2 EL Speisestärke
Salz
Pfeffer

Zubereitung

1. Die Leber waschen, trockentupfen und in ca. 3 cm große Stücke schneiden.

2. In einer Schüssel Sojasoße, Worcestersoße, Sherry, Salz, Sternanis und Honig verrühren. Die Leberstücke zugeben, umrühren und zugedeckt eine Stunde im Kühlschrank durchziehen lassen.

3. Die Frühlingszwiebeln putzen, waschen und in ca. 5 cm lange Stücke schneiden.

4. Das Öl in einer Pfanne erhitzen und die Frühlingszwiebeln darin anbraten. Die Leberstücke aus der Marinade nehmen, zugeben und mit der Speisestärke bestäuben, kurz durchrühren und mit der Marinade und der Brühe aufgießen.

5. Aufkochen lassen, bis die Soße sämig wird. Die Leber mit Salz und Pfeffer abschmecken und mit Reis servieren.

Innereien sind ungesund!

Da Innereien von Tieren in der Regel Entgiftungsorgane sind, ist es bei der heutigen Massentierhaltung und den damit verbundenen, verstärkt auftretenden Krankheiten schon problematisch, Innereien zu essen.

Wenn Sie allerdings Innereien bei einem Metzger Ihres Vertrauens kaufen, der nur Tiere verarbeitet, die aus einer natürlichen Umgebung und Haltung kommen, dann können Sie ohne weiteres Innereien wie Leber, Niere usw. essen. Dieses sollte jedoch nicht so oft sein; einmal im Monat reicht.

Innereien sind aber auch gesund. Sie stellen uns reines Vitamin A zur Verfügung, das die Tiere für uns schon aufbereitet haben. Vitamin A verbessert unser Sehsystem und wirkt auch in Verbindung mit anderen Vitaminen in unserem Körper.

Rinderleber
auf asiatische Art

Zutaten

400 g Entenbrust

1 EL Öl

verschiedene Salate (z. B. Eichblatt-, Frisee-, Kopfsalat)

8 Cocktailtomaten

2 Schalotten

1 EL Senf

2 EL Balsamicoessig

3 EL Olivenöl

1 EL Zucker

Salz

Pfeffer

Zubereitung

1. Die Salate verlesen, waschen und abtropfen lassen. Den Salat und die halbierten Cocktailtomaten auf vier Tellern verteilen. Die Schalotten schälen und in kleine Würfel schneiden.

2. Das Öl in einer Pfanne erhitzen. Die Entenbrust von beiden Seiten ca. fünf Minuten braten, aus der Pfanne nehmen und warm stellen.

3. In der gleichen Pfanne die Schalotten anbraten. Dann den Balsamicoessig, das Olivenöl, den Senf, den Zucker, das Salz und den Pfeffer einrühren und das Ganze abschmecken.

4. Die Entenbrust in Streifen aufschneiden und auf den Salat geben. Die Salatmarinade darüber löffeln und das Ganze servieren.

Besonders schön sieht dieser Salat aus, wenn Sie ihn mit Kapuzinerkresse dekorieren!

Je grüner, desto gesünder!

Lieben Sie auch die hellen, knackigen Salatherzen oder das gebleichte Gemüse? Viele wichtige Inhaltsstoffe werden Sie aber darin nicht finden!

Die vollen Vitamine und Mineralstoffe befinden sich nur in den grünen Außenblättern des Salates oder des Gemüses. In den kräftigen grünen Blättern des Kopfsalates, dem grünen Feldsalat, den dunkelgrünen Blättern des Wirsings usw. speichert die Natur ihre ganze Kraft. Man sollte diese Blätter gut abbrausen und dann in jedem Fall mitverwenden.

Grüner Salat
mit Entenbrust

Zutaten

800 g Karotten

2 EL Butter

200 ml Brühe

1 Bund Petersilie

1 Becher Crème fraîche

Zucker

Muskat

Salz

Pfeffer

Zubereitung

1. Die Karotten putzen und in Scheiben schneiden. Die Petersilie abbrausen, die Blätter von den Stielen zupfen und hacken.

2. Die Butter in einem Topf schmelzen und die Karotten andünsten. Mit der Brühe aufgießen und ca. 15 Minuten dünsten.

3. Die Petersilie zu den Karotten geben, die Crème fraîche unterrühren und mit Zucker, Muskat, Salz und Pfeffer abschmecken.

Karotten sind gut für die Augen!

Wahr daran ist: Karotten enthalten viel Betakarotin, die Vorstufe von Vitamin A. Das spielt bei Infektabwehr, Wachstum, Haut, Schleimhäuten und dem Sehvorgang eine große Rolle. Ein Vitamin-A-Mangel kann unter Umständen zu Nachtblindheit führen.

Betakarotin liefert einen Grundbaustein für unsere Netzhaut. Enthalten ist es unter anderem in Karotten, nach denen es auch benannt ist. Im Körper wird es zu Vitamin A umgewandelt.

Ein Mangel an Vitamin A lässt sich leicht vermeiden. Besonders ergiebige Vitamin-A-Quellen sind Leber und grüne Gemüse wie Spinat, grüne Bohnen, Brokkoli oder Grünkohl. Das in Karotten enthaltene Betakarotin wird vom Körper am besten aufgenommen, wenn diese zuvor zerkleinert und mit etwas Butter zubereitet werden.

Vitamin A und Betakarotin sind aber nicht nur für den Sehvorgang bedeutend. Sie sind auch wichtig für unsere Infektabwehr, den Aufbau und die Funktionen von Haut und Schleimhäuten sowie für das Wachstum.
Die empfohlene Menge von 800 bis 1 000 mg Vitamin A am Tag ist übrigens schon in einer einzigen Karotte enthalten!

Karottengemüse

Zutaten

500 g Kartoffeln

100 g Speckscheiben

4 EL Öl

1 Kopf Lollo rosso

300 g Kirschtomaten

3 EL Himbeeressig

Salz

Pfeffer

Zubereitung

1. Vier EL Öl in einer Pfanne erhitzen. Die Speckscheiben darin anbraten, aus der Pfanne nehmen und warm stellen.

2. Den Salat putzen, waschen und in mundgerechte Stücke zerpflücken. Die Kirschtomaten waschen und halbieren. Aus Essig, Öl, Salz und Pfeffer eine Vinaigrette rühren, über den Salat geben und vorsichtig vermischen.

3. Die Kartoffeln schälen und in Scheiben schneiden. Die Kartoffelscheiben in die Pfanne geben, in der der Speck angebraten wurde. Die Kartoffeln braten, bis sie schön braun und knusprig sind.

4. Die Bratkartoffeln mit Salz und Pfeffer abschmecken und mit den Speckstreifen servieren.

Kartoffeln – gebündelte Energie!

Die Kartoffel gehört zu den wertvollsten Gemüsen, die wir in unserem Lebensraum anbauen. Kartoffeln sind reich an Vitaminen. Für viele Menschen decken sie ein Viertel des täglichen Bedarfs an Eiweiß, Eisen, Vitamin B und Vitamin C ab.

Die Kartoffel rettete in den vergangenen Jahrhunderten Millionen Menschen vor dem Hungertod. Ob Sie Pellkartoffeln, Salzkartoffeln, Bratkartoffeln, Kartoffelgratin oder Kartoffelpüree essen, ist ganz allein Ihrem Geschmack überlassen.
Selbst Pommes frites – wenn sie ordnungsgemäß frittiert wurden – liegen in ihrem Fettgehalt nicht höher als ein Wurstbrot.
Da Kartoffeln zu 80 % aus Wasser bestehen und kein Fett enthalten, sind sie für figurbewusste Menschen ein ideales Nahrungsmittel.

Ob Sie Kartoffeln geschält oder ungeschält essen, hängt ganz alleine vom Alter der Kartoffeln ab. Junge Kartoffeln können Sie ohne weiteres mit Schale verzehren. Ältere Kartoffeln sollte man immer schälen, denn die Kartoffel reichert in der Schale ein Gift an, das sie vor Pflanzenschädlingen schützt. In größeren Mengen ist es auch für den Menschen gesundheitsgefährdend.

Bratkartoffeln mit Speck

Zutaten

150 g Nudeln

400 g geräucherter oder gebeizter Lachs

1 Becher süße Sahne

1/2 Bund Kräuter

Muskat

Salz

Pfeffer

Zubereitung

1. Die Nudeln in reichlich Salzwasser bissfest kochen. Wenn sie gar sind, durch ein Sieb abschütten und warm halten.

2. Die Kräuter abbrausen, ausschütteln, die Blätter von den Stielen zupfen und fein hacken. Den Lachs in Stücke schneiden.

3. Die Sahne in einen Topf schütten und erhitzen. Die Kräuter und den Lachs unterrühren und das Ganze mit Salz, Pfeffer und Muskat abschmecken.

4. Die Nudeln auf Teller verteilen und die Soße darüber geben.

Lachs macht fit und froh!

Eine ausgewogene Ernährung ist der Garant für Gesundheit und Wohlbefinden. Fisch gehört in besonderer Weise dazu.
Vor allem Lachs enthält eine Vielzahl lebenswichtiger Inhaltsstoffe, wie Vitamin A, D, E, B_1, B_2, B_6 und B_{12}. An Mineralien im Lachs zu nennen sind Kalium, Magnesium, Phosphor, Eisen, Zink, Selen, Fluor und Jod.

Diese ganzen Inhaltsstoffe wirken sehr positiv auf den Organismus des Menschen; sie tragen zum Schutz der Zellen und zum Aufbau des Knochensystems bei.
Aber das Besondere an Lachs sind die Omega-3-Fettsäuren. Diese ungesättigten Fettsäuren kann der menschliche Körper nicht selber bilden. Ihre Wirkung ist jedoch enorm.

Sie helfen nicht nur gegen zu hohen Blutdruck, sondern regulieren auch den Cholesterinspiegel und reduzieren das Risiko eines Herzinfarktes.
Außerdem enthält Lachs noch eine Vielzahl anderer Elemente wie z. B. Aminosäuren, die im Volksmund auch „Gute-Laune-Hormone" genannt werden.
Schon kleinere Mengen Lachs versorgen Sie mit diesem Gesundheits- und Frohe-Laune-Cocktail.

Nudeln mit Lachssoße

Zutaten

4 Artischocken

32 Krabben

2 Becher Crème fraîche

1 Bund gemischte Kräuter

8 mittelgroße Kartoffeln

4 EL Olivenöl

Salz

Pfeffer

Zubereitung

1. Mit einer Küchenschere die äußeren Blätter der Artischocken abschneiden bzw. einkürzen. Salzwasser in einem Topf erhitzen und die Artischocken darin ca. 45 Minuten köcheln.

2. Die Kräuter abbrausen, ausschütteln und grob hacken, mit der Crème fraîche vermischen und mit Salz und Pfeffer abschmecken.

3. Die Kartoffeln schälen und grob reiben. 2 EL Öl in einer Pfanne erhitzen, die Kartoffeln portionsweise ausdrücken und in der Pfanne kleine Kartoffelplätzchen backen. Nach dem Backen mit Salz und Pfeffer würzen.

4. In einer zweiten Pfanne das restliche Öl erhitzen und die Krabben darin braten, bis sie schön rot sind. Die Krabben schälen und den Darm am Rücken entfernen.

5. Die Artischocken längs halbieren und mit einem Löffel den Samen herauskratzen. Mit den Kartoffelplätzchen und den Krabben zusammen auf Tellern anrichten. Die Crème fraîche darüber geben und servieren.

Liebe geht durch den Magen!

Wenn Liebe durch den Magen gehen soll, sollte man ein paar Dinge beachten. Die Verführung beginnt nicht erst im Mund, sondern schon in der Nase. Allein der Duft bestimmter Gewürze und Speisen kann Hormone so richtig in Wallung bringen. Typische Gewürze hierfür sind Safran, Nelken, Kardamom, Ingwer, Muskat.

Zu den Scharfmachern in Sachen Liebe gehören Cayennepfeffer und die verschiedensten Chili-Arten. Daneben gibt es Lebensmittel, die die sog. Glückshormone anregen, wie z. B. Schokolade oder Kakao.

Auch ein Glas Prosecco oder Sekt hat stimulierende Wirkung auf die Liebe.

Es gibt auch Gemüsearten, denen man die gleiche Wirkung nachsagt: Hier wäre an erster Stelle die Artischocke zu nennen, aber ebenso der Spargel.

Artischocken
mit Krabben

Zutaten

2,5 kg Miesmuscheln

1 Stange Porree

3 Stangen Staudensellerie

3 Karotten

2 Zwiebeln

3 Knoblauchzehen

2 EL Öl

0,7 l trockener Weißwein

500 ml klare Brühe

Salz

Pfeffer

Zubereitung

1. Das Gemüse putzen, den Porree und den Sellerie in Streifen schneiden. Die Karotten und die geschälten Zwiebeln in Scheiben schneiden. Den Knoblauch schälen und grob hacken.

2. Das Öl in einem großen Topf erhitzen, das Gemüse zusammen mit den Zwiebelringen und dem Knoblauch darin anschwitzen. Die Brühe und den Wein zugeben, mit Salz und Pfeffer würzen und ca. fünf Minuten köcheln.

3. Die Muscheln säubern, in die kochende Brühe geben und bei geschlossenem Deckel so lange kochen, bis sie sich geöffnet haben. Die Muscheln in der Brühe servieren.
Muscheln, die sich vor dem Kochen schon geöffnet haben oder die nach dem Kochen noch geschlossen sind, unbedingt wegwerfen!

Muscheln soll man nur in den Monaten mit einem „R" essen!

In den Sommermonaten Mai, Juni, Juli und August soll man keine Muscheln essen. Diese Weisheit kommt daher, dass bei hohen Temperaturen und viel Sonne in Meeren der nördlichen Halbkugel giftige Meeresalgen entstehen, die die Muscheln aus dem Wasser filtern und ihr Fleisch für die Menschen ungenießbar machen. Um auch außerhalb des Meeres noch einige Tage zu leben, braucht die Muschel das Wasser, das sich zwischen ihren Schalen befindet. Wenn dieses Wasser ausläuft, stirbt die Muschel bald und wird ungenießbar.

Muscheln filtern über ihre Kiemen einzellige Algen, aber auch Abfallstoffe aus dem Wasser. Eine ausgewachsene Auster kann in der Stunde bis zu 37 Liter Wasser säubern! Da sich dabei Schadstoffe in der Muschel ansammeln, können Exemplare aus stark verschmutzten Gewässern sehr hohe Cadmium- und Quecksilberkonzentrationen aufweisen. Allerdings werden die Muscheln aus allen großen Herkunftsregionen der EU regelmäßig auf Giftstoffe untersucht. Muscheln aus Nicht-EU-Ländern unterliegen jedoch solchen Kontrollen oft nicht!

Gedünstete Muscheln

Zutaten

- 4 Kalbsschnitzel
- 50 g getrocknete Steinpilze
- 2 Schalotten
- 1/2 Bund Petersilie
- 20 g Butter
- 1 Becher süße Sahne
- 1/4 l Weißwein
- 1 EL Butter
- Salz
- Pfeffer

Zubereitung

1. Die Steinpilze in eine Schüssel geben und ca. eine Stunde einweichen. Die Schalotten schälen und in feine Würfel hacken. Die Petersilie abbrausen, trockenschütteln und grob hacken.

2. Die Kalbsschnitzel in eine Frischhaltefolie einschlagen und leicht klopfen, sie sollten dünn sein. Dann mit Salz und Pfeffer würzen.

3. Die Steinpilze klein schneiden und mit den Schalotten und der Butter in einer Pfanne anrösten. Die Petersilie darunter mischen und die Steinpilzmasse auf den Kalbsschnitzeln verteilen. Zu Rouladen zusammenrollen und mit Holzspießen oder Rouladenklammern befestigen.

4. Die Rouladen in eine gebutterte Auflaufform legen. Aus der Sahne, dem Wein und etwas Pilzwasser eine Soße herstellen, über die Rouladen geben und im vorgeheizten Backofen bei 220° C ca. 15 Minuten garen.

Nach dem Essen sollst du ruhn oder tausend Schritte tun!

Es ist egal, ob Sie sich nach dem Essen bewegen oder ausruhen. Wichtig für Ihre Gesundheit ist wohl eher, dass Sie nicht – wie oft behauptet wird – viele kleine Mahlzeiten zu sich nehmen, sondern lieber zwei bis drei „vernünftige".

Nach dem Genuss einer Mahlzeit mit Fett, Kohlehydraten und Eiweiß kommt es zu einem Anstieg von Blutzucker, Blutfetten und Insulin. Dies fördert die Arterienverkalkung und hebt das Risiko für Herz-Kreislauferkrankungen.

Durch größere Abstände zwischen den einzelnen Mahlzeiten werden solche Blutzucker- und Insulinspitzen vermieden und Zivilisationskrankheiten vorgebeugt. Menschen, die einen labilen Stoffwechsel haben, übergewichtig sind oder rauchen, sind hier besonders gefährdet.

Der frühere Mensch war froh, wenn er täglich einmal essen konnte, und das oft nach stunden- oder tagelanger Nahrungssuche! Seitdem sind gut 15 000 Jahre verstrichen, aber unsere genetische Grundlage hat sich nicht verändert. Der moderne Mensch bewegt sich jedoch kaum und nimmt täglich zu viel und meistens auch noch ungesunde Nahrung zu sich.

Kalbsschnitzelröllchen mit Steinpilzfüllung

Zutaten

80 g Mohnback
50 g Semmelbrösel
1/2 TL Zimt
1 Zitrone
75 g Butter
4 Eigelb
40 g Zucker
4 Eiweiß
1 Pck. Vanillezucker
750 g Kirschen
1 EL Zucker

Zubereitung

1. Den Mohn mit den Semmelbröseln, Zimt, etwas Salz und Zitronenschale vermischen. Die Butter mit den Eigelben und dem Zucker schaumig rühren, zur Mohnmasse geben und unterrühren.

2. Das Eiweiß mit dem Vanillezucker steif schlagen. Den Eischnee unter den Mohn heben. Tassen mit etwas Butter auspinseln und die Mohnmasse hineingeben.

3. Eine größere Pfanne zur Hälfte mit Wasser füllen. Den Backofen auf 180° C vorheizen, die Tassen in das heiße Wasserbad setzen und ca. 35 Minuten garen.

4. Die Kirschen waschen und entsteinen, mit 1 EL Zucker und etwas Zitronensaft in einen Topf geben und ca. vier Minuten dünsten.
Wenn der Pudding fertig ist, aus dem Ofen nehmen, etwas auskühlen lassen, auf Teller stürzen und zusammen mit dem Kirschkompott servieren.

Nach dem Verzehr von Steinobst soll man kein Wasser trinken!

Diese Weisheit ist wahrscheinlich darauf zurückzuführen, dass das Trinkwasser früher eine wesentlich schlechtere Qualität hatte als unser heutiges Wasser. Das frühere Trinkwasser enthielt nämlich wesentlich mehr Keime als heute. Da auf den Schalen von Steinobst ebenfalls viele Keime und Hefepilze sitzen und diese dann mit dem schlechten Trinkwasser zusammenkamen, hatte das eine Magenverstimmung zur Folge.

Steinobst ist meist relativ klein, besitzt aber eine große Oberfläche, auf der sich prozentual mehr Keime absetzen können als auf anderen Obstsorten.
Bei großem Verzehr von Steinobst nehmen wir sehr viel Hefe über die Obstschalen auf, die einen Gärprozess im Magen hervorruft, und wenn dann noch zusätzlich Wasser getrunken wird, reduziert sich die Magensäure und wir bekommen Bauchweh.

Mohnpudding
mit Kirschkompott

Zutaten

500 g Tagliatelle
6 Tomaten
3 Knoblauchzehen
2 Schalotten
1 EL Öl
1 Bund Basilikum
100 g Parmesan am Stück
Salz
Pfeffer

Zubereitung

1. Die Knoblauchzehen und die Schalotten schälen und beides fein hacken. Die Tomaten an der Blüte über Kreuz einschneiden und mit heißem Wasser übergießen, die Haut abziehen und das Fruchtfleisch in Stücke schneiden.

2. Das Basilikum abbrausen, ausschütteln und die Blätter von den Stielen zupfen; größere Blätter zerkleinern.

3. Das Öl in einem Topf erhitzen, die Schalotten und den Knoblauch darin dünsten.

4. Die Tomatenstücke zugeben, etwas anbraten und mit Salz und Pfeffer abschmecken. Kurz vor dem Servieren die Basilikumblätter unterheben.

5. Reichlich Salzwasser zum Kochen bringen und die Nudeln darin bissfest garen. Die Nudeln abschütten und auf Tellern verteilen; die Soße zugeben und den Parmesankäse darüber hobeln.

Nudeln machen dick!

Nudeln bestehen fast ausschließlich aus Stärke. Diese sättigt lang anhaltend und versorgt Gehirn und Nerven mit Energie.

Da man Nudeln in der Regel ja nicht pur isst, sind die Dickmacher in den Beilagen zu suchen, wie z. B. in fetten oder süßen Soßen und anderen Zutaten. Nudeln lassen sich aber auch sehr gut mit nicht dick machenden Gerichten kombinieren, es müssen nicht immer die üppigen Soßen sein – Nudeln mit Gemüse oder Fischstücken sind ein Gedicht!

Nudeln mit Basilikum und Tomaten

Zutaten

- 2 Zucchini
- 2 Auberginen
- 1 Dose Artischocken
- 4 EL Olivenöl
- 2 EL Italien-Würzmischung

Zubereitung

1. Die Zucchini und Auberginen putzen und abwaschen, danach längs in ca. 1 cm dünne Scheiben schneiden. Die Artischocken durch ein Sieb abgießen und gut abtropfen lassen. Die Auberginenscheiben von beiden Seiten mit Salz bestreuen, ziehen lassen und abwaschen. (Dies zieht die Bitterstoffe heraus.)

2. Aus dem Öl und der Würzmischung eine Marinade rühren, das Gemüse damit einpinseln und auf dem Grill garen. Dabei immer wieder mit etwas Marinade bestreichen.

Dazu schmecken frisches Ciabatta-Brot, eingelegte Oliven und Knoblauchzehen, gefüllte Paprikaschoten und marinierte Artischockenböden.

Olivenöl – ein Quell der Gesundheit!

Natives Olivenöl extra ist ein Naturprodukt. Es besitzt ein ausgewogenes Verhältnis essenzieller Fettsäuren, einen hohen Gehalt an Antioxidantien sowie viele weitere Inhaltsstoffe, deren Zusammenwirken einen sehr günstigen Einfluss auf den menschlichen Organismus haben.

Doch so gesund Olivenöl auch ist, es sollte dennoch nicht zusätzlich zur normalen Ernährung aufgenommen werden. Empfehlungen, täglich einen Esslöffel davon pur zu schlucken, sind schlichtweg Unsinn. Wenn es um Fett geht, gilt immer: Weniger ist mehr, denn jedes Fett ist eine Kalorienbombe!

Die im Olivenöl enthaltenen Antioxidantien schützen vor Schädigungen durch aggressive freie Radikale, die entscheidend zur Entstehung von Herzerkrankungen beitragen. Besonders das oxidierte LDL-Cholesterin steht im Verdacht, Arteriosklerose auszulösen.

Olivenöl lässt sich in der modernen Küche sehr gut einsetzen. Man kann es für Marinaden, Salatsoßen, aber auch zum Braten verwenden.
Es gibt Olivenöle mit verschieden starker Geschmacksausprägung; das italienische Olivenöl beispielsweise ist geschmacksintensiver als das griechische.

Gegrillte Gemüseplatte

Zutaten

800 g gemischte Pilze (z. B. Champignons, Austernpilze, Pfifferlinge usw.)

200 g süße Sahne

1 Zwiebel

1 Bund Frühlingszwiebeln

50 g Mehl

1 EL Butter

300 ml Gemüsebrühe

Salz

Pfeffer

Zubereitung

1. Die Pilze putzen und größere Pilze in mundgerechte Stücke teilen. Die Zwiebel schälen und fein hacken. Die Frühlingszwiebeln putzen und in 1 cm lange Stücke schneiden.

2. Butter in einem Topf schmelzen, die Zwiebeln darin andünsten. Die Pilze dazugeben, ca. zwei Minuten braten, mit dem Mehl abstäuben und mit der Brühe auffüllen. Das Ganze ca. drei Minuten köcheln.

3. Die Sahne unterrühren, mit Salz und Pfeffer abschmecken. Kurz vor dem Servieren die Frühlingszwiebeln unterheben.

Dazu schmecken Semmelknödel, Nudeln oder Brot.

Pilze darf man nicht aufwärmen!

Man darf!

Das wird manchen überraschen, weil doch immer wieder das Gegenteil behauptet wird. Aber dieser Ratschlag ist relativ veraltet.

Pilze bestehen im Wesentlichen aus Wasser und relativ viel Eiweiß. Diese Kombination ist besonders leicht verderblich, zumal sich aus dem Eiweiß zum Teil giftige Abbauprodukte bilden können. Das war in früheren Zeiten, als es noch keine geeigneten Kühlmöglichkeiten gab, ein Problem.

Übrigens auch schon vor der Zubereitung, denn der rohe Pilz verdirbt nicht langsamer als der gegarte.

Heute kann man Reste von Pilzgerichten ohne Sorge ein zweites Mal erwärmen, sofern sie nach der ersten Mahlzeit möglichst schnell in den Kühlschrank gestellt wurden. Trotzdem sollte man die Pilze nicht länger als einen Tag im Kühlschrank lagern und sie beim Aufwärmen noch einmal richtig durcherhitzen.

Pilzragout

Zutaten

400 g Naturreis

200 g gemischtes Gemüse
(entweder frisch oder tiefgefroren)

100 g Erbsen

1 EL Butter

Salz

Pfeffer

Muskat

Zubereitung

1. Den Reis in reichlich Salzwasser gar kochen.

2. Das Gemüse putzen und in kleine, mundgerechte Stücke schneiden.

3. Butter in einer Pfanne erhitzen und das
Gemüse und die Erbsen darin andünsten. Je nach
Gemüse evtl. noch etwas Wasser dazugeben.

4. Wenn der Reis gar ist, abschütten, mit dem
Gemüse vermischen und mit Salz, Muskat und
Pfeffer abschmecken.

Reis – große Wirkung, kleines Korn!

Im fernen Osten wird der Reis schon seit Jahrtausenden als Grundnahrungsmittel
verwendet; die Chinesen verehren ihn sogar als Geschenk der Götter.
Die einfache Zubereitung und die geringe Kalorienzahl tragen auch zur Beliebtheit
des kleinen Korns bei uns bei. Der Reis enthält viel Vitamin B und viele Mineralien.
Aber der richtige muss es sein!

Der braune Naturreis mit dem hauchdünnen Silberhäutchen hat die meisten dieser
wertvollen Inhaltsstoffe. Die anderen Reissorten werden geschmacklich und vom
Aussehen her zwar bevorzugt, aber sie sind geschliffen und poliert und die meisten
der Mineralien und Vitamine gehen dabei verloren.

Im Naturreis sind acht essenzielle Aminosäuren enthalten, die für den menschli-
chen Organismus wichtig sind. Reis enthält kein Cholesterin und keine Gluten.
Er ist ideal für die verschiedensten Diäten bzw. für eine ausgewogene Ernährung.
Eine Tasse gekochter Reis hat nur 125 Kalorien.

Gemüsereis

Zutaten

2 Kohlrabi

4 Karotten

1 Gurke

1 Bund Staudensellerie

400 g Crème fraîche

50 ml Milch

1 Knoblauchzehe

1 TL Rosenpaprika

1 Bund gemischte Kräuter

Salz

Pfeffer

Zubereitung

1. Das Gemüse putzen, schälen und in Streifen schneiden. Die Knoblauchzehe schälen und fein hacken. Die Kräuter abbrausen, ausschütteln und klein schneiden.

2. Die Crème fraîche in eine Schüssel geben, mit Milch verrühren und auf zwei Schüsseln verteilen. In eine Schüssel den Knoblauch und das Paprikapulver einrühren, mit Salz und Pfeffer abschmecken.

3. In die andere Schüssel die Kräuter geben, verrühren und ebenfalls mit Salz und Pfeffer abschmecken.

4. Das Gemüse auf einer Platte oder in Portionsschälchen dekorativ anrichten und mit den Dips servieren.

Rohkost – Gesundheit pur!

Sich ausschließlich von Rohkost zu ernähren oder Diäten auf dieser Basis zu machen, ist nicht wirklich gesund. Viele Gemüse sollten für eine vernünftige Verwertbarkeit und für unser Wohlbefinden gekocht werden.

Das heißt nicht, dass sie auf unserer Zunge zergehen müssen – gekochtes Gemüse sollte immer noch einen kräftigen Biss haben. Viele Menschen, vor allen Dingen Kinder, haben Probleme, wenn sie viel Rohkost zu sich nehmen.

Bei Rohkost ist es wie mit vielen anderen Speisen auch – die Menge und Ausgewogenheit macht's. Rohkost in Maßen gegessen, ist immer eine Bereicherung für unseren Speiseplan.

Rohkostplatte

Zutaten

500 g Sauerkraut

1 EL Gänseschmalz

2 Zwiebeln

2 mürbe Äpfel

1 Karotte

1/4 l Weißwein

2 TL Kümmel

5 Lorbeerblätter

10 Wacholderbeeren

1 Prise Zucker

125 g grüne Weintrauben

Zubereitung

1. Die Zwiebeln schälen und klein schneiden. Die Äpfel schälen, vierteln, entkernen und in kleine Stückchen schneiden. Die Karotte schälen, aber ganz lassen.

2. Das Gänseschmalz in einem Topf schmelzen, die Zwiebeln und die Äpfel darin kurz andünsten. Das Sauerkraut zugeben, alles gut vermischen.

3. Den Weißwein zugießen, mit Kümmel, Lorbeerblättern, Wacholderbeeren und einer Prise Zucker würzen. Die geschälte Karotte darauf legen.

4. Den Deckel schließen und das Sauerkraut ca. 50 Minuten köcheln. Kurz vor dem Servieren die Weintrauben zugeben und unterheben.

Sauerkraut stärkt das Immunsystem!

Wie sagte Wilhelm Busch schon? „Dass sie von dem sauren Kohle eine Portion sich hole. Wofür sie besonders schwärmt, wenn er wieder aufgewärmt."

Sauerkraut ist eine kalorienarme Vitaminbombe, die entschlackt und das Immunsystem, Herz und Nerven stärkt. In 100 g Sauerkraut stecken ca. 20 mg Vitamin C, 3 mg Vitamin A, 290 mg Kalium, 50 mg Kalzium, und das Ganze hat gerade mal 16 Kalorien. Außerdem enthält Sauerkraut viele Mineralstoffe und seine Milchsäure beschleunigt den Stoffwechsel.

Sauerkraut kann in vielfältiger Weise zubereitet werden und passt geschmacklich zu vielen Gerichten. Es eignet sich ebenso für Rohkostsalate und Aufläufe wie auch als Beilage zu Hauptgerichten. Sauerkraut, vor allem roh gegessen, stärkt unser Immunsystem.

Weinsauerkraut

Zutaten

700 g Blattspinat
1 EL Butter
100 g Pinienkerne
1 Knoblauchzehe
Muskat
Salz
Pfeffer

Zubereitung

1. Den Spinat verlesen, waschen und größere Blätter zerkleinern.

2. Die Butter in einem Topf schmelzen, den Spinat hineingeben und ca. fünf Minuten dünsten.

3. Die Knoblauchzehe schälen, fein hacken, unter den Spinat mischen und das Ganze mit Muskat, Salz und Pfeffer abschmecken.

4. Eine Pfanne ohne Fett erhitzen und die Pinienkerne darin anrösten.

5. Den Spinat auf Tellern verteilen, die Pinienkerne darüber streuen.
Dazu schmecken breite Bandnudeln.

Spinat enthält viel Eisen!

Viele Kinder mussten unter diesem Irrtum leiden. Sie wurden gezwungen, Unmengen von Spinat zu essen, nur weil ein Wissenschaftler bei der Bestimmung des Eisengehaltes von Spinat einen Kommafehler gemacht hat!

Trotzdem ist Spinat ein gesundes Gemüse, wenn er richtig geerntet wird und nicht gerade in ausgelaugten Treibhausböden angebaut wurde. Es gibt viele leckere Gerichte mit Spinat. Er bereichert unseren Speiseplan in vielfältiger Art und Weise.

Spinat enthält viele Vitamine und Mineralien. Sie sollten Spinat dann auf Ihren Speiseplan setzen, wenn die richtige Erntezeit dafür ist. Ansonsten ist es besser, tiefgefrorenen Blattspinat zu verwenden. Tiefgefrorene Rahm- bzw. Cremespinate sind nicht zu empfehlen. Hier handelt es sich um Produkte, die nach der Ernte und bei der Weiterverarbeitung so stark gewaschen wurden, dass sie kaum noch Vitamine und Mineralien enthalten.

Gedünsteter Blattspinat

Zutaten

60 g Milchreis

250 ml Milch

1 Zitrone

2 Eier

150 g Kirschen (oder andere Früchte nach Geschmack)

1 EL Zucker

2 EL Honig

Zubereitung

1. Die Milch in einen Topf geben und unter Rühren aufkochen. Wenn die Milch kocht, den Reis einrühren, den Herd auf die kleinste Stufe zurückstellen und den Reis ca. 25 Minuten quellen lassen. Gelegentlich umrühren, dann mit Zucker abschmecken.

2. Die Eier trennen, die Eigelbe in den gegarten Reis einrühren und das Eiweiß mit einer Prise Salz aufschlagen. Die Schale von der Zitrone abreiben. Den Eischnee und die Zitronenschale unter den lauwarmen Milchreis ziehen.

3. Die Kirschen entsteinen oder die Früchte putzen und in mundgerechte Stücke schneiden. Den Honig darüber träufeln und alles vermischen. Mit dem Milchreis zusammen servieren.

Süßstoffe helfen beim Abnehmen!

Viele Diätprodukte enthalten keinen herkömmlichen Zucker, sondern Süßstoffe. Wir können also sicher sein, dass wir kalorienarme Nahrung zu uns nehmen. Das gilt für Marmeladen, Kuchen, Säfte usw.

Dass diese Produkte durch Süßstoffe weniger Kalorien haben, stimmt natürlich. Hier haben wir die Rechnung aber ohne den Wirt gemacht: Wenn wir diese Dinge essen, wird dem Gehirn mitgeteilt, dass wir Süßes zu uns nehmen, und der Körper schüttet Insulin aus.

Da wir dem Körper aber keinen Zucker zugeführt haben, meldet er, dass das Insulin umsonst ausgeschüttet wurde. Man bekommt gleich wieder Hunger und wird somit vom eigenen Körper genötigt, wieder etwas zu essen. Aus dieser Erkenntnis heraus werden Süßstoffe schon seit langem bei der Schweinemast eingesetzt.

Wie will man da schlank werden? Besser ist es, in gemäßigter Form Zucker oder Honig für das Süßen der Speisen zu verwenden.

Milchreis mit Früchten

Zutaten

300 g Karotten

1 Blumenkohl

300 g Rosenkohl

300 g Brokkoli

300 g Spargel

300 g Schwarzwurzeln

300 g Bohnen

2 EL Butter

Für die Soße:

1 Schalotte

2 Zweige Estragon

2 Zweige Kerbel

1 TL zerdrückte Pfefferkörner

4 EL Weißweinessig

2 Eigelb

250 g Butter

Salz

Pfeffer

Zubereitung

1. Das Gemüse putzen, gegebenenfalls zerteilen. In einem weiten Topf die Butter schmelzen und das Gemüse bei geschlossenem Deckel gar dünsten. Eventuell etwas Wasser zugeben. Das Gemüse nicht zu weich werden lassen!

2. Die Schalotte abschälen und fein hacken. Die Blättchen von Estragon und Kerbel abzupfen.

3. In einem dickwandigen Topf den Essig zum Kochen bringen. Die Schalotte, die Estragon- und die Kerbelzweige sowie die Pfefferkörner zufügen und die Flüssigkeit auf die Menge von einem Esslöffel einkochen. Durchseihen und abkühlen lassen.

4. Wieder in den Topf zurückgeben und erhitzen, die Eigelbe hinzufügen und mit dem Schneebesen aufschlagen; dabei langsam die Hitze erhöhen. Wenn die Masse schaumig und weißlich ist, die Butter nach und nach zufügen und aufschlagen.

5. Zum Schluss die abgezupften Estragon- und Kerbelblättchen hacken und untermischen, mit Salz und Pfeffer abschmecken. Das Gemüse auf einer Platte anrichten, einen Teil der Soße darüber geben und servieren.

Vitaminpräparate fördern die Gesundheit!

Ein gesunder Mensch mit einem normalen Essverhalten hat in unserem Kulturkreis keinen Vitaminmangel. Deswegen ist es auch nicht nötig, Vitaminpräparate zu sich zu nehmen. Außerdem fehlen diesen Präparaten Wechselwirkungen zu anderen Vitaminen und Mineralstoffen.

Unser Körper ist nur bedingt in der Lage, Vitamine und Mineralstoffe zu speichern; eine verstärkte Zuführung von Vitaminen bringt gar nichts, weil der Körper sie dann ausscheidet. Es besteht sogar die Gefahr, dass wir durch Zuführung dieser Präparate unseren eigenen Vitaminhaushalt durcheinander bringen.

Nehmen Sie nur dann Vitaminpräparate, wenn Ihr Arzt einen Vitaminmangel feststellt und Ihnen ein geeignetes Produkt verschreibt.

Gemüseplatte

Zutaten

1 Fasan
1 Bund gemischte Kräuter
2 Knoblauchzehen
2 kg Salz
80 g Mehl
80 g Speisestärke
200 g Eiweiß

Zubereitung

1. Den Fasan waschen und trockentupfen. Die Kräuter abbrausen, ausschütteln und mit dem Knoblauch in den Fasan geben.

2. Das Eiweiß steif schlagen und mit dem Salz, dem Mehl und der Speisestärke vermischen.

3. Ein Backblech mit Backpapier auslegen. 1/3 des Teiges in der Größe des Fasans auf das Backpapier streichen, den Fasan darauf setzen und ihn mit dem Rest des Teiges vollständig einhüllen.

4. Den Fasan im vorgeheizten Backofen bei 180° C ca. 1 1/2 Stunden backen.

5. Den Fasan aus dem Ofen nehmen, ca. 5 bis 10 Minuten abkühlen lassen, die Salzkruste mit einem Hammer zerschlagen und den Fasan servieren.

Zu viel Salz ist schädlich!

Das Salz, welches wir heute im Supermarkt kaufen, hat nichts mehr mit dem gesunden, lebenswichtigen Lebensmittel Salz zu tun. Wir kaufen Kochsalz. Dies ist nichts weiter als Natriumchlorid und belastet unseren Körper erheblich.

Salz in seiner unbehandelten, reinen Form ist alles andere als ungesund. Wasser und Kristallsalz sind lebensnotwendig. Sie sind Stoffe, die die meisten Schwingungen und damit die meisten Informationen in unserem Körper tragen. Dem handelsüblichen Kochsalz fehlen viele der ursprünglichen 84 Elemente.

Durch die industrielle Verarbeitung ist das Salz aus dem Gleichgewicht geraten und schwingt nicht mehr in seinem ursprünglichen Energiemuster.

Oft wird Kochsalz auch noch mit Jod und Fluor angereichert, d. h., es wird zusätzlich noch Chemie eingesetzt, damit es besser rieselt. Diese Anreicherungen erhöhen die Unverträglichkeit des Kochsalzes zusätzlich!

Unser Körper braucht Zellwasser, um Kochsalz zu neutralisieren. Die Folge davon ist, dass wir schneller altern und Krankheiten wie Gicht, Rheuma oder Arthritis bekommen können.

Sonnengetrocknetes Meersalz ist die beste Alternative zu Kochsalz. Salz ist lebenswichtig, vorausgesetzt, Sie verwenden das richtige!

Fasan im Salzmantel

Register

© 2003 SAMMÜLLER KREATIV GmbH

Genehmigte Lizenzausgabe
EDITION XXL GmbH
Reichelsheim 2003

Layout und Satz: Rico Cofani
Fotos: Food in Wort und Bild, Sigmarszell
Küche: Corinna Brunner
Food-Assistentin: Caterina Marx

ISBN 3-89736-129-9

Wir danken folgenden Firmen für ihre freundliche Unterstützung:

Illustrationen: Antiquariat R. Mehrdorf (2)
Fisch-Informations-Zentrum (FIZ), Berlin, 58